Herencias

Herencias

Jean-Pierre Rueda

Copyright © 2021

All rights reserved. No part of this publizcation may be reproduced, distributed ut the prior written permission of the publisher, except in the case of brief quotations embodied in critical reviews and certain other noncommercial uses permitted by copyright law. For permission requests, write to the publisher, addressed "attention: Permissions Coordinator," at the e-mail address below.

davina@alegriamagazine.com

Library of Congress Control number: 2021921095

ISBN: 9781737992721

Published by Alegria Publishing
Book cover and layout by Carlos Mendoza

INDICE

Para usted, en este momento	11
Miércoles de Insurrección	12
Ecuaciones y estrellas	14
Gracias	16
Catarsis de un vuelo	17
Para Que Me Encuentres	18
Besitos de Marimba	20
Centinela del Pasado	22
Almas de Arena	24
Arribita del Cielo	26
Domingos Quebrados	27
Desde la Cumbre de Junio	28
Mujer de Humo, Mujer de Rosa	30
¿A qué sabe el amor?	32
Día de las madres	33
Sin miedo al morir	34
Para el dolor de extrañarte	35
Diosa	36
Bésame y Arráncame	37
Mamá	38
Quiero Encontrarme	39
Somos LatinX	40
Oda Para Elmer Tiul, Leyenda de Cahabón	44
Buenas noches, California	46

Eres	48
Herencias	49
La Trágica Belleza de Los Tiempos Inciertos	51
Los Lobos de Noviembre	54
A Tres Noches de Septiembre	56
Más Allá Del Norte	58
Poesía, El Arte de Sanar la Vida	60
News in America	61
Bandera A Media Asta	62
Muéstrale al Mundo	64
Hoy quise ser el ayer que soñó el mañana	65
El Cielo Duerme en Mis Brazos	66
Para el amor durante el duelo	67
A Segundos De Un Beso	68
Mar Adentro	69
Aprenda	70
Costa Rica, Dice La Paz	72
I found myself between cartographers and poets	74
Darling	76
A Toast to the New Year	78
Ceaselessly	79
When Death Approached Him	80
Dearest Winter	82

Herencias

Jean-Pierre Rueda

Para usted, en este momento

Dale celos a tu pasado
con la persona que eres hoy.

Seduce a tu futuro
con la persona que sueñas ser.

Enamórate de las caídas que cicatrizan
el potencial de tu presente.

Ámate, y cámbiale la vida
a todos los días que te quedan.

Miércoles de Insurrección

Nunca olvidemos
el rencor de ese 6 de enero,
entablando un patíbulo
para ejecutar a la democracia,
empantanado
ante los ojos del mundo,
la plaza del congreso estadounidense.

Nunca olvidemos,
su canto apocalíptico,
corriendo enardecido
por los pasillos de la historia,
sugiriendo furiosamente,
muerte a la libertad
porque perdieron la elección presidencial.

Nunca olvidemos,
las multitudes con sombreros rojos
batiendo estandartes amarillos, de tiempos revolucionarios,
vistiendo armadura y chaleco antibala,
acariciando
sus conspiraciones de traición y propaganda,
con sus rifles de asalto en pecho y mano,
exigiendo un diluvio
con su huracán en marcha improvisada.

Nunca olvidemos,
la catástrofe de esa fría tarde en Washington,
los rostros de congresistas
separados por barricadas de escritorios y banderas,
cortando el avance del ataque a la capital,
el balazo del servicio secreto
colándose,
por la hendedura de un segundo,
matando al desangrar a la manifestante
que escalaba entre gritos y amenazas
ese callejón de violencia.

    Nunca olvidemos,
    las chispas de valentía
    entre los escombros colosales de ese día,
    las imágenes del oficial Eugene Goodman
    desviando ese deslave humano malintencionado,
    deteniendo el miedo y su embestida,
    para salvar la vida del senado
    con su acción heroica,
    alejando la tormenta
    con su astucia.

Nunca olvidemos
la retórica
cobarde, del líder que inspiró
ese miércoles de insurrección;
el odio
retorciéndose,
endureciéndose,
donde usualmente reside el corazón.

Nunca olvidemos
su silencio
traicionero,
déspota,
ejemplo de su legado
para la posteridad.

Ecuaciones y estrellas

Un 5 de mayo del 2012,
luego de veinticinco años de carrera y siete misiones en el espacio
ingresa el primer astronauta latinoamericano,
Franklin Chang-Díaz
al salón de la fama de la NASA.

Sus ojos oscuros sonreían
al verse ante la presencia de sus héroes,
cuyas hazañas, lo inspiraron a convencer a sus padres en 1968
a seguir su destino en los inviernos de Estados Unidos, y
lejos del calor de su natal Costa Rica.

Cuenta, que desde niño formuló su plan
entre ecuaciones y estrellas,
armando una cabina con cajas de cartón,
dibujando coordenadas en el aire,
descubriendo constelaciones con su imaginación.

Franklin se veía orbitando el planeta
y palpando los mares a la misma vez,
todo, desde una ventana congelada en el espacio.
Así como lo lograron Buzz Aldrin y Neil Armstrong
algunos junios atrás.

Y fueron esas colosales aspiraciones
que lo llevaron a graduarse de la Universidad de Connecticut en 1973,
apenas cinco años después
de haber llegado de Costa Rica sin dominar el inglés,
armado de perseverancia, humildad y matemáticas.

Conoció las dificultades de ser latino en los años setenta,
la distancia
entre sus metas y su realidad,
mas, se aferró a la ética de su trabajo y estudio
para no dejarse doblegar por la contramarea
que aparece cuando los obstáculos provocan duda,
y continuamente recordó el agradecimiento,
que le tiene a la esencia de su segundo país
por proveer una oportunidad
que cambiaría su vida y la historia misma.

Logrando su sueño de convertirse en un ciudadano estadounidense,
Franklin aplicaba por segunda vez al programa de NASA
que le había negado entrada años atrás,
En esta ocasión fue seleccionado como candidato para ser astronauta en 1980,
inspirando generaciones con su empeño y voluntad.

Franklin Chang-Díaz
vuela por primera vez en el transbordador Columbia en 1986
y cuenta que, en ese momento, en la cumbre de sus logros,
los recuerdos de su infancia lo acompañaban desde San José,
viendo el mismo cielo que lo enamoró desde niño,
alistándose para su lanzamiento
y diciendo a sí mismo:

"Esto lo he hecho antes".

Gracias

Gracias al dolor
por presentarme a la tristeza,
porque me besó donde tuve el corazón
entre silencios y tormentas.

Gracias a la tristeza,
por presentarme a la alegría
porque me mató de risa para nacer
entre amistades y poesía.

Catarsis de un vuelo

Hay veces en que el arte
usa el sufrimiento
como punto de partida,
se lanza contigo desde ese
acantilado,
con tus ojos abiertos
para estirar las alas de la
creatividad.

El firmamento que nace
con ese vuelo catártico
es doloroso, poderoso y
espectacular.

Para Que Me Encuentres

Duérmeme,
en el regazo del recuerdo,
para que me encuentres
cuando me extrañes,
en el bosque de tu pensamiento.

Duérmeme,
en el lirio negro del recuento
para que me encuentres,
cuando me sueñes
en la noche de tus sentimientos.

Despiértame,
en el fuego del deseo,
acariciándome con tus dedos,
para que confieses mi nombre a la oscuridad
con un grito empapado de amor, placer y libertad.

Despiértame,
como ruiseñores y alondras
entonando apasionadamente
poemas que nos besan,
con la eternidad de nuestra historia.

Besitos de Marimba

Esos besitos de marimba
que se cuelgan en el viento del recuerdo,
como mariposas coloreadas
con el pincel de la tradición,
son los mismos que revolotean,
cuando mi abuela me habla de su infancia
en esas llanuras esmeralda,
desbordándose en el Pacífico.

En sus cuentos,
los pericos se comen a besos sus silbidos,
en los ríos de brisa y árbol,
bebiendo luz entre las ramas y las sombras,
Costa Rica aparece en su voz,
meciéndose en sus anécdotas,
como el canto de una urraca de copete azul
bajando del mismo cielo, que refleja en su plumaje.

Viajando en sus crónicas de ciudades de antaño,
festejadas en fotografías castañas,
entrañadas y navegadas por los dedos de la añoranza.
Me encontré en conversaciones del pasado,
recorriendo las calles mojadas de San José
después de un aguacero soleado,
respirando la magia de la pampa guanacasteca,
donde ella nació un abril entre palmeras.

De sus dedos,
escuché el martillazo elegante de una máquina de escribir
cuando apenas le llegaba por sus rodillas,
me acuerdo de esa visita a su oficina...

Descubrir ese mundo de política, candidatos y estadísticas,

adornado por risas que viajaban sobre el papeleo inundando su escritorio,

mientras Juan Luis Guerra serena la radio de los años noventa.

Ahora, cuando hablamos de mi bisabuela
ella pronuncia su nombre con una sonrisa,
viéndola entre cometas y nubarrones en el cielo,
detallando sus manos idóneas de enfermera
que trajeron tantas generaciones a este mundo,
aclamando la hermosa simetría
de entregarle a mi mamá recién nacida,
como un lucero en el calor de sus brazos.

Para todos esos centros literarios y bibliotecas que abren sus puertas a la comunidad para alojar siglos de historia entre sus libros y lectores: "su existencia es agradecimiento a la libertad y espejo para generaciones".

Centinela del Pasado

Resguardas
en los anaqueles que adornan
tu piel de madera,
las páginas de lluvia
para el viajero sediento en el extranjero,
que busca su país en tu acento.

Recuerdas
en tus reliquias de papel y tinta
los mapas de poesía,
las voces del continente,
el latido de nuestra literatura,
las constelaciones del arte
que se hunden en los mares del libro,
las obras literarias
que retoñan como patrimonios de humanidad,
siendo rosas de elocuencia
con pétalos de color ayer.

Envuelves en tu promesa
el amor universal de Miguel Ángel Asturias,
la curiosidad de Paz Errázuriz,
la rebeldía de Mario Vargas Llosa,
la humanidad de Rigoberta Menchú,
el mundo de Octavio Paz,
la destreza de Gabriela Mistral.

Sostienes en tus palmas de vidrio y madera
la esperanza y la tristeza de América Latina,
sus cuentos de eterno sufrimiento
con las heridas del colonialismo europeo,
la cicatriz en su gente de costa y cordillera,
con la belleza de sus antiguos imperios
entre bosques tropicales y Andes congelados.

Iluminas antologías de heroísmo
con la imagen imborrable de Jovita Idár a principio del siglo XX,
profundizando la experiencia mexicana con su periódico *El Progreso*,
con la valentía del monseñor Óscar Romero,
intercediendo por El Salvador durante los tiempos de guerra,
con el rugido del líder estudiantil Oliverio Castañeda de León,
marchando en la mañana del octubre de su muerte,
con la determinación de los treinta y tres mineros chilenos
escapando el peso de sesenta y nueve días bajo el desierto de Atacama.

Despierta y suspira,
centinela del pasado,
amante de la tradición,
para que al abrir tus puertas,
tus ríos de leyenda
se adentren en la comunidad,
como raíces insondables de cultura,
y tus ojos de ventana se llenen de luz
cuando respire la ciudad entera.

Almas de Arena

La historia cuenta que...

El desierto que amarra ambas tierras
cayéndose
desde California hasta Texas
se traga la vida
por más que se aferra

La muerte deja advertencias
en ese mar de polvo quemado
levantando
un cementerio de piedras
con cruces quebradas
en el vacío de la frontera
como cuento y moraleja
arrastrando la marea de almas de arena

Las familias que sobreviven la odisea
terminan desmoronándose
víctimas de la erosión emocional
al sentir las manos desabridas de la burocracia
enjaulando a sus niños y niñas
en la eterna pesadilla migratoria

Ambos presidentes
ponen a bailar sus promesas
girando metáforas en su diálogo perene
para entretener a los periodistas
mientras otra generación más
continúa su procesión hacia el norte
tratando de esquivar carteles y alacranes

Latinoamérica pregunta entonces

¿Cuántas veces más
tengo que morirme entre fronteras
para que reconozcas
la humanidad de mi necesidad?

¿Cuántas veces más
tienen que matarme entre décadas
para que escuches
la sinceridad de mi necesidad?

¿Cuántas veces más
tengo que quebrarme ante tus ojos
para que le cedes el paso
a la dignidad de mi necesidad?

¿Cuántas veces más
tengo que quemarme entre tus dedos
para iluminar
el rostro de mi humanidad?

Arribita del Cielo

Arribita del cielo
el sol se desliza en la cúspide de Dana Point
despertando a lo largo del sendero
infinitas preseas floreadas

Margaritas de topacio amarillo
en arbustos de cuarzo verde
resplandecen entre torres espinadas
por agujas de cobre, besadas con sereno

Bajo un quiosco de teja roja
admiro la serenidad del frío
que se posa en la mañana como un halcón
antes de emprender su hermoso vuelo

Mis manos acarician la madera
siguiendo los hilitos de sombra mojada
deteniéndose en cada cicatriz
como leyendo el mapa de sus años

Arribita del cielo
dije tu nombre sonriendo
jurando ser tu brisa
jurando ser tu mar

Domingos Quebrados

He visto
domingos tristes
quebrados
calles en luto
después de los balazos

He visto
una basílica de candelas
levantándose
entre rosas amarronadas
fotografías
cantando en coro
el nombre del fallecido
bajo la sombra de palmeras

He visto
los reporteros apresurados
arrancando la noticia
para no durar mucho en mi ciudad
mientras la policía tartamudea
describiendo la escena
que dejó huérfana a la niña
que se derrite en los brazos de su vecina

He visto
luces de patrullas
chispeando
cardenales y arrendajos
advirtiendo en su llanto de sirena
que la ciudad de Compton
amaneció otra vez
sangrando

Desde la Cumbre de Junio

Me dolió pensarme
bajo vestigios de sueños ajenos
percibiendo ese discurso anhelante
de maestros y estudiantes
mirando todas esas caras
ilusionadas
alegres
jóvenes
confiadas
sonriéndole al futuro
desde la cumbre de junio
en esa tarde de graduación de secundaria

Sin mostrar en lágrimas
cualquier indicio de tristeza
yo escuchaba todos esos aplausos
descendiendo
en marejadas desde las gradas
estrellándose
en el orgullo prestado
vestido con birrete y diploma

Me moría de miedo al pensar
que abandonaría mi identidad
de estudiante
para revelarme ante al mundo
como inmigrante
preguntándome
si los logros no avanzarían más allá
de buenas calificaciones
por la ausencia de pasaportes y visas de trabajo

Entre tanta alegría
yo me disolvía
en aquel monumental evento
imaginándome
todas esas profesiones y oportunidades
que nunca llegarían a ser en mí

El corazón no sabía reaccionar
se ocultaba hasta el punto de perderlo
en esa ceremonia de graduación

Pero la risa de mis amigos
el corazón de mi novia
los ojos de mi mamá
las palabras de mi tío
me obligaron a recoger todos esos pedazos de mi ser
que caían por sentir miedo

En ese pánico
entendí entonces
que lo incierto también es parte de la vida
y que las dificultades realmente
son la lluvia que hace retoñar esperanza cuando el tiempo es árido

Mujer de Humo, Mujer de Rosa

Mujer de humo,
tu carita arrugada,
bronceada y sudada
se enciende con la luna roja,
que detiene el tráfico y el tiempo
bajo un cielo de concreto;
en la oscuridad intermitente
del corazón de Los Ángeles.

Caminas de carro en carro,
con tus ramilletes de rosas y margaritas,
en esa telaraña de ciudades y autopistas,
buscando quien te compre la primavera que vendes
abrazada entre tus dedos.

Los viajeros en ese río claro oscuro,
se alejan detrás de tu reflejo,
cuando te les acercas del otro lado del espejo.

Algunos,
mueven su cabeza de izquierda a derecha
para dibujarte un obligado:

"No, thank you"

Otros, en cambio,
se sumergen en la luz de sus teléfonos
borrándote para no embarrarse de culpa
al verse en lo nublado de tus ojos,
mientras que uno de cada cien
extiende su mano para llevarse varias flores de tu jardín.

Herencias

Mujer de humo, mujer de rosa,
si supieran lo que aguantas para sustentarte,
las veces que te han asaltado y dejado sin nada,
los insultos que se entierran en tu piel canela,
los eternos viajes de autobús en la soledad del frío,
los días que amaneces trabajando lejos del abrazo de tus hijos,
el hambre que te retuerce cuando caminas cansada
entre impresionantes rascacielos y callejones desamparados.

Mujer de humo, mujer de rosa,
no hay día ni noche
que no te vea trabajando en esa esquina
a la luz del semáforo,
entre las estrellas del tráfico,
coronada reina
en tu imperio de orquídeas y girasoles.

¿A qué sabe el amor?

¿A qué sabe el amor?

Sabe a tus manos,
despertándome
para escuchar el comienzo
de un inesperado aguacero.

Sabe a tus años conmigo
desde que los vi en tus ojos
un diciembre,
hace casi dos décadas.

Sabe a la belleza
de saber,
que eres tú la respuesta.

Día de las madres

Mamá,
tu nombre está bordado en mi vida
con el mismo hilito de oro,
que nos enlazó desde adentro
cuando me meciste bajo tu piel,
cómo eclipse de sueño y amor
sintiendo mi cara con tu voz.

Mamá,
tu nombre traduce el amor incondicional
con la poesía de tu existencia,
descubriendo luces cuando pienso en
sombras, recordando
con el gesto divino de tu mirada,
que mi corazón late para contestarle al tuyo.

Sin miedo al morir

Si el verdadero cielo está
en el corazón de quien me amó,
entonces, al morir
naceré
en las olas del divino palpitar.

Para el dolor de extrañarte

Tu nombre es esa grieta profunda
creciendo
desde mi pensamiento hasta el ombligo.

Te siento crujiendo mis costillas
cuando te respiro soñando,
los dedos de tu distancia
me tuercen desde adentro
dejándome el alma irreconocible,
jorobada por el peso de tu ausencia.

Ese dolor de amanecer sin tus ojos
me desmorona,
encerrándose en el reloj de arena
que el dolor voltea caprichosamente
para verme perderte,
una y otra vez.

Diosa

Sueñas
con lechuzas blancas
cazandote la noche,
con la magia de guitarras españolas
acariciándote el alma con sus cuentos,
y el otoño carmesí
derritiéndose
en sus atardeceres dorados

Sueñas
con infinitas cordilleras
escalando hasta besar el turquesa del cielo
con las promesas que se cumplieron
y las perlas negras brillando en tus manos,
con saborear el calor de mis labios
temblando
al sentir la marea alta en tu corazón

Diosa
la luz de tus sueños
tu bondad
tu pasión
y tu hermosa perfección
se entrelazan con mi vida

Bésame y Arráncame

Bésame y arráncame
de esta noche,
despréndete con tus labios
y llévame en tu aliento
a donde quieras

Acércate...
ciérrame los ojos
con tus dedos,
el roce de mi corazón
descarrilando los minutos

Bésame y levántame
de lo más profundo
de mi ser,
vuela conmigo
hasta ese jardín de luz
donde nacen los pétalos del cielo

¡Ábreme los ojos con un beso!
Quiero que todas las lunas se llenen
con la libertad de nuestro amor

Mamá

El mundo es más hermoso porque amaneciste
porque puedo regalarle un racimo de sueños cumplidos
y mostrarle
hasta donde me llevan las ganas para superarme

La Luna de mayo es la más bella
tuvo que crecer al máximo,
esquivar más de una nube,
llenarse del aliento del sol
para asomarse el día que naciste

Te veo sonriente
cuando juegas con mis hijos
tan fuerte
cuando me recuerdas de dónde he venido
y más que feliz
cuando acortamos la distancia con una llamada,
una visita, un recuerdo compartido
¡Y que bendición tener tantos recuerdos
que nos permitan vernos cada día!

Mamá,
cantarle a usted
es cantarle a la vida misma
porque
yo soy poeta
usted es poesía

Quiero Encontrarme

Quiero visitar
ese palacio de melancolía
donde reside el amor que nos tuvimos;
y apagarme el corazón
para verte en la oscuridad de tu partida

Quiero escuchar esa fría sinfonía
por el beso que no fue
y quedó en pausa
en plena vida

Quiero ser la soledad y su compañía
del dolor de no tenerte
no poder detenerte
quiero sufrir para revivirme,
encontrarme despedazado
en un mosaico
de sombras y sueños que no fueron

> Quiero extrañarte
> buscarme
> coincidir en esos años
> que brillamos juntos
> y ahora son cenizas en el remolino del pasado

Quiero besar tu ausencia
abrazar la nostalgia
caerme del cielo de tus ojos
y dedicarle un aguacero en verso
a lo que fuimos.

Quiero sentir la tristeza
de haberte perdido
y la certeza
de haberte amado

Somos Latinx

Somos
indispensables
como la música,
como el cuento

Somos
indispensables
como la fe
como el aliento

Somos
los aventureros
navegando océanos y desiertos
atravesando junglas y montañas.

Somos
los soñadores
muriendo
por vivir en Estados Unidos

Somos
la sed,
el hambre y el frío

Somos
los padres
buscando un mejor mañana
para nuestros hijos,
el dolor
de ser separados en las fronteras;
enjaulados en ambos lados

Somos
el proletariado desarmado
cuando pasan leyes para
quebrarnos,
humillarnos y prendernos fuego
mientras trabajamos
cosechando
lo que gozan los dueños del país

Pero cuando luchamos
dejamos de ser invisibles,
cuando nos unimos
dejamos de ser el silencio obligado
y nacemos
como un grito de cambio
una canción de vida

Somos
Sonia Sotomayor
cambiándole la cara a la justicia

Somos
Franklin Chang-Díaz
rompiendo barreras en el espacio.

Somos
Sandra Cisneros
dándole voz a una generación de chicanos.

Somos
Roberto Clemente
el señor béisbol en el salón de la fama

Somos
Frida Kahlo
descubriendo los colores del alma y el corazón

Somos
Gabriel García Márquez
convirtiéndose en leyenda de la literatura

Somos
las hermanas Mirabal (Patria, Minerva, Maria Teresa, Dedé),
inmortal símbolo contra la violencia del dictador Trujillo

Somos
Rubén Darío
pintando el pasado en paisajes de poesía

Somos
Dolores Huerta y César Chávez
protestando por la dignidad y el derecho humano

Somos
la valentía ante lo incierto
el arte ante la violencia
la paciencia ante el tiempo

Somos
arquitectos de sueños,
maestros de perseverancia,
magistrales ejemplos
de excelencia,
humanidad y talento.

Somos
Latinoamérica
la historia
la pasión
la cultura
la nueva generación LatinX

Somos
la libertad
y la incansable
lucha para mantenerla

Oda Para Elmer Tiul, Leyenda de Cahabón

Los niños
llenos de lodo
se pelean por la bola desinflada
en pleno mundial de barrio

Una zancadilla deja al niño en el suelo
a segundos de gritar un gol

Con sus cinco añitos,
el más pequeño del vecindario,
se levanta y limpia
la sangre de su rodilla
acomodándose sus botas de hule
como Messi antes de tirar un penal

El rugir de los carros
se ahoga en el viento tibio dominguero
ese que anuncia lluvia en su silbar
y empapa el mediodía al cantar

Su manita izquierda
en su cadera para concentrarse
Su manita derecha
limpiando el sudor y los nervios
en sus pantalones cortos de escuela,
sus ojitos apuntando a la portería
dibujada entre un árbol de níspero torcido
y un viejo poste de concreto,
titubeando luz
para alumbrar ese estadio improvisado

Cinco pasos
para reventar el silencio
con el grito de GOOOOOOOOOOOOOOL
tan estruendoso
que hasta los fantasmas de esa plaza
despiertan en el infinito
para aplaudir esa hazaña de niñez

Dedicatoria: Tu historia
me recuerda la belleza de esa infancia
que mi abuela adora,
esa hermosura de tener el mundo en tus manos
si hay felicidad en el corazón

Este pedacito de poesía es para ti
Elmer Tiul en Guatemala
para esos niños creciendo
en la humildad de América Latina

Buenas noches, California

Buenas noches, California
este verso es para usted:

Me acuerdo verte desde el avión
eras un mar negro en mi ventana
con un millón de boronitas brillantes
flotando en la oscuridad,
parpadeando la luz.

Me acuerdo naufragar
a la orilla del Norte,
en la costa de Los Ángeles
un octubre del año 2000...
con mi corazón de 15 años aún intacto

Me acuerdo de la magia de esos primeros días,
el romanticismo al perderme
en tus ojos celestes de verano eterno,
caminarte a ciegas por primera vez
siguiendo tu latido desde las playas
hasta lo más alto de tus montañas,
y despertarme a la sombra de tus rascacielos
en tu arboleda de arte, música y cine

Llegando a mis veintes,
ese acento bien marcado
que resaltaba mi voz de forastero,
empezó a desvanecerse

El miedo
que me reconocieras como inmigrante
me forzó a esconderme en mi inglés,
a negar mi herencia,
reinventarme y alejarme
infinitamente de quien fui

To forget me
for a chance to reach the possibility of belonging
entirely
to the American Dream of my parents,
the main reason why I left my country all along

But the heart remembers all
and when my abuelo passed away in my thirties
all those miles, all those years
between your shore and Costa Rica
kept us from kissing him goodbye

I felt my mom shattering a thousand times
when I heard her say
"Pensé que tendría más tiempo con él"

She whispered his name like a prayer

California
me diste tanto
pero me quitaste más
And just as I know your face
I'm certain that I will never forget
what you cost my family,
what you cost me

Costa Rica
I would trade all the gold
from your brightest sun
to feel her raining again
and drink her sky
like I did decades ago
cuando era sólo un niño

Por eso esta noche me despido de ti
confesándole a mi país
lo mucho que la he extrañado

Because I see her
in the black rainfall
of a Sunday night,
I taste honey
when I greet her
in the lushness of her memory
I feel her
in my accent
when I call my heartbeat by her name

Eres

Hijo, la vida me la doblaste en tres
el antes, el ahora y el después

La primera vez que te vimos
eras una luz en blanco y negro
un huracán de latidos
galopando en el aire
y trazando tu ser
en una hermosa tormenta digital,
matizada en el gris de ultrasonido.

Eras tan chiquito y tan inmenso,
tan preciso y tan exacto,
tan hermoso y tan divino

Creciendo poco a poco
como un eclipse bajo la piel de tu mamá
el hablar de tus abuelas
la sonrisa al contarse en días
el brindis en las fiestas
la belleza de lo incierto

Ahora eres
esa carita que amanece antes de tiempo,
que está aprendiendo a sonreír,
que consigue hablar con sus ojitos
que me deleita al desvelarme.
la carita
que me aferra con tanta fuerza a la vida

Eres
quien mide mis minutos,
el paisaje de mis historias,
aquel que guía mis lunas,
la belleza de versos que llegan
y se quedan por ti

Eres la serenata,
el aguacero
y el palpitar

Herencias

Le hice una catedral a mis herencias
con vitrales radiantes
de amor y poesía
consagrando historias de mi familia
para nutrir sus cimientos
con néctar de vida.

 Jean-Pierre Rueda

La Trágica Belleza de Los Tiempos Inciertos

Un listón negro anunciando el luto
cambia el retrato familiar
la Muerte
con sus manos de frío
escribe un nombre más

La pandemia le robó el aliento al mundo
Y el dolor habla como llanto en todos los idiomas

La historia
cambia su tono en un instante
voltea su cara y llora miedo
al escuchar los primeros meses del año
quemándose como el Diciembre de Australia

Los gobiernos
navegan el caos sin mapa
terminan ahogándose en su ineptitud
mientras que la culpa brinca de boca en boca
sin tener un verdadero dueño

Las ciudades
se apagan en el insomnio que inspira lo incierto
transformándose en fantasmas de lo que fueron

El mundo enfermo se detiene por completo
China deja de trabajar por primera vez en siglos
Italia cambia de museo a cementerio en una semana
Inglaterra y España caen afónicas ante la epidemia
Nueva York no duerme por toser
California se despierta para morir cada hora
ante la mirada incrédula del Pacífico y los países
sudamericanos

La histeria se apodera del tiempo

Las tiendas se inundan con gente
peleando por botellas de agua y papel higiénico
el odio y el prejuicio
inspiran ataques a la población asiática
mientras que el pobre y el inmigrante
siguen trabajando, terminando
los rascacielos que adornan las capitales del mundo
recogiendo los alimentos para que el rico no tenga hambre
arriesgando sus vidas
sin opción al desempleo

Es la primavera más gris de la historia
Y la Muerte
con sus labios de frío
se robó otra alma más
Lo peor de la humanidad
se asoma y presenta

Los dueños de negocio se despiden de la vida
esperando
la ayuda que nunca llegó del político indeciso
Suicidándose
acompañados por el grito agobiante de la deuda

En miles de hogares
los lobos devoran la paz de la mujer
con cada mordisco de violencia doméstica
se emborrachan para nublar las noches perdidas
que dejan infancias traumadas y mujeres quebradas

Herencias

En la frontera entre Estados Unidos y México
detrás de las barras sin estrellas
aún esperan los niños del Sur
por la mañana que les regrese a sus familias

Los pasillos de hospital se visten de funeraria
las despedidas por texto y video terminan siendo entierros
mientras los doctores se acaban los días y las noches
tratando de detener la tormenta con sus manos
la esperanza no da abasto
ni el silencio para rezar

La humanidad respira
aunque la pandemia continúa
las ciudades empiezan a revivir
la ciencia persevera
celebran indicios de una cura
los hospitales son santuarios de milagros
la epidemia cede con el invierno
las casas se vuelven escuelas y oficinas
la vida se sacude la muerte de encima

La trágica belleza de los tiempos inciertos
Florece ante la oscuridad del miedo y la duda

Los Lobos de Noviembre

Cuidado
que los lobos se visten de traje en el otoño
con corbatas rojas y azules
aullando discursos entre insultos violentos
desesperados por ganar la presidencia
sin importar la muerte de la decencia
en su retórica aborrecible
afilando los colmillos de su estrategia

Vienen desfilando
los lobos de noviembre
bajando de sus palacios de oro
olfateando los votantes que la encuesta proclama
estar sin dueño y aún en juego
cazando a los indecisos
en lugares donde la esperanza alumbra poco

Viajan por todo Estados Unidos
llegando a ciudades olvidadas
desde campos sudando lodo
respirando el áspero insecticida
hasta fábricas silbando humo
descascarando su piel de ladrillo

Cuidado
que sus campañas son muecas de patriotismo
recitando logros
tan vacíos como sus bolsillos
sin las limosnas de empresas privadas
que los sobornan
para ser timoneles de su historia

Se aprovechan de la inocencia y la ignorancia
presentando al inmigrante como enemigo del estado
diluyendo la verdad para manipular con mentiras
seduciendo al votante con poemas de guerra
himnos de muerte serenando a la segunda enmienda
con tal de ganarse los votos necesarios
para luego vender su poder al mejor postor

Ten cuidado
a quien le entregues las riendas de tu historia
porque esa antorcha
destinada a iluminar el diálogo
entre leyes, libertades y el legado de una nación
puede fácilmente convertirse en una llamarada
incinerando la herencia de la democracia

A Tres Noches de Septiembre

A tres noches de septiembre
un verano de 1970
fallece el reportero y activista de derechos civiles
Ruben Salazar

Ese sábado
el este de Los Ángeles
amaneció
con la voz de un pueblo unido exigiendo
igualdad
respeto
justicia social
resaltando
el resentimiento y la frustración
por la muerte de generaciones Latinas
en las junglas de Vietnam
y los barrios de Estados Unidos

La voz Chicana
acompañada
por las guitarras de su juventud
inspiraban a la multitud marchando
treinta mil almas
coincidiendo
en ese hermoso y brillante
momento de solidaridad
a lo largo de Whittier Boulevard
celebrando
bajo una misma bandera de hermandad
jóvenes
ancianos
Chicanos
Latinos

Pero la historia cambió con una llamada
cuando el pretexto de un robo
alarmó a la fuerza policial Californiana
quien se presenta
armada y lista
a detener el avance de ese mar de gente
con la violencia
de sus puños
sus batones
y las claras intenciones de amordazar
la prosa de esa protesta pacífica

Las risas, abrazos y canciones
de ese día de agosto
se perdieron
en el gas lacrimógeno
y los ladridos de la policía
azotando   Siguiendo al pie de la letra
a quien se pusiera en su paso   lo que escribía la tragedia
quebrando los huesos   la Muerte
humillando   suspiró sin arrepentimiento
arrebatándole la inocencia   al llevarse con un balazo
a los jóvenes que llegaron   vestido de descuido policial
a cantarle al cambio   a Ruben Salazar
quien luchó toda su vida
por darle voz
a la experiencia Chicana en Estados Unidos
reforzando la necesidad
por la igualdad laboral y educacional
mismas razones por las cuales miles
salieron a las calles
a exigir un cambio a la nación

Cuando el humo cedió el paso a la calma
los disturbios de ese 29 de agosto
mancharon con amarga ceniza
las páginas de la historia de California

Más Allá Del Norte

Un hombre de 62 años
con risa de trueno
voz de serenata
hijo de San Miguel
Michoacán
con ojos de fuego
piel de volcán
suelta su taza de café recién hecho
un domingo de junio
a quince minutos
de ser las 7 de la mañana
cuando siente las sombras de la Migra
gritando en inglés
que es tiempo de despertar
de ese sueño americano

El imponente señor García
sintió encogerse
cuando los ojos de su hija
lo encontraron bajo amenaza de deportación
confesó
en silencio
morirse en ese momento
visitando
los paisajes de su experiencia en Estados Unidos
sus recuerdos de tener 13 años
con su hermano llegando a lo desconocido

el olor de las frutas
que recogió en los campos del norte de California
la disciplina
que forjó la fortaleza
de su voluntad
cuando fue boxeador en sus veintes
las travesías de conductor
las ciudades
prendiéndose y apagándose
suspiros de luciérnagas
se escucha diciendo
…Natalie
por primera vez
meciéndose en sus brazos
la cara de su corazón

Parpadea y su familia
grita por él
los vé
pero no los escucha
los siente
uniéndose en la tragedia
y lo reviven

El señor García
se fue con la luz azul y roja
que rayaba el césped recién mojado
segundos antes de que le cambiarán la vida
las leyes racistas
que no respetaban ni siquiera el hecho
de que el señor García tenía papeles
residencia y una Green Card
el día que se lo llevó la injusticia
más allá del Norte

Poesía, El Arte de Sanar la Vida

Sostienes el dolor como una joya
entre los dedos del corazón

Traduces tragedias
con piel de tinta y sangre de rima

Con tu elegancia
cicatrizas la tristeza
con tu elocuencia
desenredas el trauma

Te encontramos
en todos los idiomas del mundo
rescatando la herencia
luchando contra la ignorancia
recordándonos
que tenemos que mejorar
afilando el intelecto
para escribirnos desde adentro

Caminas en el atardecer
sintiendo las sombras acercándose en los bosques
escuchando el revoloteo de las hojas secas
bañándose en el viento

Eres la historia
debajo de un árbol
mirando el mar
enamorándote de la humanidad

Eres el arte de sanar la vida
siendo un puente
entre el ayer y el mañana

News in America

Mass shooting
Following
Police shooting
Following
Church shooting
Following
Police shooting
Following
Gang shooting
Following
Police shooting
Following
Office shooting
Following
Police shooting
Following
School shooting
Following
Police shooting
Shaping
Sorrowfully
American
History
With violence
With excuses
With bullets
With pain
Without
End

Bandera A Media Asta

El país se detiene en la misma esquina de siempre
entre la avenida de *He was quiet and kept to himself*
Y la calle de *Guns don't kill people, people kill people*

Otra noche de vigilia en Estados Unidos
otra mañana de noticieros barriendo los hechos
otro presidente diciendo que es la última vez que pasa
otra masacre
otra ciudad
mismo inocente
mismo culpable
la pandemia nos tapa la boca
la segunda enmienda nos tapa los ojos

Después de los balazos
la bandera a media asta
se agacha
con vergüenza
arrastrando sus colores
sus valores
su futuro

A su izquierda
ver los 411 heridos y 60 fallecidos en Las Vegas
A su derecha
se acuerda del cine en Aurora y los 12 caídos

Habla de patriotismo
para borrarlo todo
pero aparecen las sábanas blancas de Columbine
creciendo como colinas de tragedia
adornando un valle de muerte
con las mismas balas usadas en Sandy Hook

Se tapa los oídos con los dedos del NRA
pero el eco de Virginia Tech
destrozándose 33 veces
lo empuja hasta caerse
al lado de los 23 del Wal-Mart en El Paso

Las estrellas se desprenden de su piel
con el peso de la sangre
y la bandera se revuelca en la violencia
hasta teñirse con la frialdad de la realidad
que esta sociedad
valora más
el amor por las armas
que el amor por el prójimo

Muéstrale al Mundo

Muéstrale al mundo
la herida
el grito
la lucha
el despojo
la agonía
el destierro
la injusticia
el desconsuelo
la melancolía
el sufrimiento
la angustia
el menosprecio
la sed
el hambre
la desilusión
el cansancio
la muerte

Muéstrale al mundo
la vida
el esfuerzo
la perseverancia
el orgullo
la valentía
el corazón
la cultura
el arte
la devoción
el emprendimiento
la dedicación
el talento
la fortaleza
el compromiso
la felicidad
el indomable afán
la cicatriz

Muéstrale al mundo
lo que es ser
Latinoamérica
en el latir
en el brillar
en el porvenir
de Estados Unidos
porque la historia
cambia de dueño
cuando la pinta
escribe y canta
quien la vive
salvando el alma
con un pincel
un poema
un piano
ilustrando
a la humanidad
para inspirarla
a mejorar

**Hoy quise ser el ayer
que soñó el mañana**

Hoy quise ser el arte
escribiéndome
desde adentro

Hoy quise ser el verbo
el adiós al miedo
distanciándome con triunfos
de los desiertos de la ansiedad

Hoy quise ser el ayer
que soñó el mañana
leyéndome
desde adentro

El Cielo Duerme en Mis Brazos

El cielo duerme en mis brazos
Tiene el nombre de mis hijos
Me abrazan todos los amaneceres
Con sus ojitos de oro y vida
Respiro lo mejor de mí
Para entregárselo todo

Para el amor durante el duelo

La noche es tibia
y respira

Viene desbordándose desde el infinito
bañando los ojos cerrados de una luna menguante
con un manantial celestial de plata y amatista

Inevitablemente
te sonrío llorando
porque aún te siento
naciendo y muriendo en mi corazón
volando de momento en momento
en el peregrinaje del recuerdo

La noche es tibia
y suspira

A Segundos De Un Beso

A pasos de tus pestañas
mi verso
respira la brisa de tu mar verde
verde
porque el sol que te vio nacer
se enamoró y hundió
profundamente en el azul de tu alma

Al pie de la ventana de tu mirada
mi poema
se detiene a medio cantar
admirando la luz esmeralda
cuando hablas y me sonríes
una luna creciente
resaltando los años que quiero vivir contigo

Tus ojos de alba
en este ocaso de tinta
guían mis deseos enlazados
por senderos
de relámpago y rima
hasta ser
el éxtasis de tu pensamiento
gozando la resonancia poética de tu nombre
haciéndole el amor
apasionadamente
a las memorias que aún no han sido

Me confieso
ante el templo de tu boca
y encuentro a Dios
en tus besos

Mar Adentro

Cuando el insomnio me invita a escribirte
tu voz de guitarra
me lleva mar adentro

Las letras te besan en la medianoche
enamorándose
de la profundidad de tu nombre

La tinta me sabe a miel
cuando te leo
en la piel de esta oscuridad

Los minutos de la madrugada
con ese silencio de terciopelo
me acarician y acompañan

En lo que te desenredo
de esa maraña de estrellas y recuerdos
matizándote en el frío del aire
el calor de besar tu sombra
tiene una tristeza tan rica
que me enamoró intensamente
hasta de tu ausencia

Confieso lo que te extraño
mi diosa
luna plateada de invierno
y la verdad me sabe a menta

Aprenda

La voz de mil idiomas de aquel ocupado aeropuerto
en la luz prestada de neón esa madrugada
se vuelve silencio
cuando el oficial de migración
se enreda la lengua
tratando de descifrar
el nombre extranjero
que se estira con mi larga firma
en la tela de mi pasaporte

El centinela de ojos azul negro
suelta entonces un sonido
masticado
enjuagado en un español brusco
escurriendo inglés entre sus muelas
empapado
de burla y frustración
escupiendo
cada letra como si tuviera espinas
con asco
indignación
reproche
mientras que mis ojos de 8 años
tratan de entender sus gestos de enojo

"*Ruuuuuuu…Aaaaaaaaaa…Daaaaaaaaa?
How do you even say this?
And why name him Jean?
That's a girl's name, you know?*"

Mi abuela me sintió llorando
antes de que nacieran las lágrimas
me sonríe y dice

"Aprenda"

Su mirada se voltea hacia el oficial
lo ve de pies a cabeza
antes de contestarle
digiriendo
cada imperfección
memorizando
cada temblor de sus labios
afilando la respuesta

"You don't get to travel often, do you sir?
Or read further than what approaches you with ease
like a magazine or perhaps a bus bench?
My grandson's name
is French for reasons
I wish not
to share with you
Now please
let me speak with your supervisor
Because I don't appreciate your judgmental treatment"

El recuerdo de mi abuela
siempre ha sido brillante
la diplomacia con la cual manejó ese momento
la calma al escoger cada palabra
sin tener que disparar insultos
ni reflejar el tono del oficial

"Acuérdese
el ronroneo al inicio de su apellido
es la nota de herencia
reverberando en su acento
como trueno naciendo del pasado
nunca deje que nadie se lo robe
ni lo manche"

La escucho en mis sueños y la abrazo

Para Costa Rica en sus 200 años de independencia

Costa Rica, Dice La Paz

Marché desde niño
en la libertad de tus calles
cantando
a paso marcado y abanderado
la historia de tu independencia

Las notas de tu himno nacional
se destilaban
en tambores y liras plateadas
desde la mañana bronceada en Guanacaste
hasta la noche tibia en Puntarenas

Las niñas bailaban con sus faldas de arcoiris
girando canciones de mil flores
siendo el color de las siete provincias,
los niños con bigotes dibujados
regalaban remolinos rojos
con sus pañuelos en mano y canción zapateada

El desempeño de tu pueblo
se sentía y escuchaba
en las anécdotas de tus ancianos
que llegaban desde la juventud de tus años
a recordarnos la importancia de formar tu patria
con humildad, trabajo y la tenacidad del voto

Los desfiles se adueñaron de tus horas
celebrando
la belleza de tu envidiable fortuna
de vivir
entre estudiantes de historia y tradición
en vez de morir
entre soldados cosechando tristeza y calumnia

Costa Rica
dice la paz
haber nacido
en el aliento de tu democracia,
dice el amor
haber crecido
en el acto de tu democracia,
dice la libertad
haberse enamorado
en el corazón de tu democracia

I found myself
between cartographers and poets

I found myself between cartographers and poets
greeting my earliest high school mornings
whenever homesickness would open my ribcage
with confessions in Spanish, most often whispered

I travelled your meadows of authors and painters
reading someone else's wrinkled prayers
in hopes of recognizing my own
mirrored in your lakes of wistful pages

I plucked fruits of eloquence
from your crowded bookshelves
drinking their poetry to hide away
the loneliness of being a foreigner

I spent nights in Chile
strolling through Neruda's dreams
listening to his roses and moons
tucked gently between his cities

        I followed Martin Luther King Jr's steps
        right to the top of Washington in 1963
        where he dreamt out loud
        and became his highest expression of freedom

I fell through the years
just to land on Maya Angelou's clouds
which rained love and loss
through valleys of perseverance

I memorized your labyrinth
of sonnets, history and philosophy
and felt your sunlit eyes
warming up the ink beneath those literary landscapes

I found a cathedral of love within your walls
outgrowing the hate outside of them
where the world would call me maldito inmigrante
because my voice was embroidered with my family's accent

I found myself between rivers of stars
turning my heart into a vessel
whispering songs, translating magic
into words like lluvia, familia, herencia, Costa Rica, mamá

I remember those library mornings
breathing in thousands of voices
which sounded like silence to those not reading
and learning how to travel without airplanes or passports
simply by walking with my fingers from title to title

Darling
(for Adolfo and Maria Estrada)

I've been there every step of the way
always beside you,
always near you
leaning on each other
as we went to war with cancer
but you…
you were the one who felt the pain
the changes in your body
with chemo and all those unsuccessful treatments.
You were the one bearing the unbearable
showing your family how to live
through the looming tempest
of your inevitable departure
your love and devotion
kept me from losing myself
in that ocean of darkness
when death whispered
and you followed
I keep reading your last letter
Holding you as you speak to me

"So, if there is going to be distance between us
Then let us give it purpose-
Let it inspire
the audacity of our love to build bridges
between life and death,
Let it increase
the intensity of our passion to become music
Masterfully soothing the earthquakes of anxiety
and hurricanes of uncertainty
I will become this verse
Eagerly waiting for your heart
to whisper me into existence

To grant me breath once your voice allows it
And to be kissed over and over
when your memory demands it,
Because our love is
a beautiful collaboration of friendship and exceptional trust
Thoughtful and successful at bearing the unbearable

So darling,
have faith
that our love will outwit and outlast it all
because unconditional love
adapts as it transcends and excels as it learns"

A Toast to the New Year

If winter's touch
is gentle and true,
May it embrace you this coming new year

I wish for midnight to reach you
as a loyal friend whose trust is never-ending,
Listening assiduously
to your dreams
dawning with the first of January

I wish for your success
To ring with halos the months to come
And that your heart remains steadfast
Should a challenge come your way

My dearest of friends
I wish this new year to be yours
Remarkable and outstanding
As you are and have always been

Ceaselessly

The lines in our palms
intertwined
as we held our hearts in our hands
clasping so tight
that not even light could escape it.

We sat at the edge of the world
overlooking the Pacific of our dreams.
We felt our love to be eternal
as we breathed each other in
Ceaselessly.

When Death Approached Him

The boy never saw a shroud
There was no sinister silhouette
lurking in the darkness.
Walking like shadows,
the boy never thought of death
as being a thunderous sound
Flying through him
Leaving him motionless on the ground.

The boy never saw a scythe
No silver crescent thirsting for his blood,
No bony fingers aiming for his soul,
The boy never thought of Death
as being a strayed and confused bullet
Biting off his thread of life
After piercing his chest
and scratching his neck.

In the city of North Long Beach
where the Atlantic flows differently
making its way from north to south,
death wears no ominous shroud
owns no sharp and cold scythe.
Death in our town
takes our youth with guns
lives in the colors of old rivalries
and causes early departures

Herencias

Death occurs as a senseless act of violence,
A direct result of a cruel gesture.
Youth is lost to pointless arguments
of territory and money,
Silencing the innocent
Indifferent to the pain of others
Killing without remorse
Living without compassion

The boy heard nothing at all
No bullets bursting in midday
No car speeding away
No crowd yelling afraid
The boy was seven
The boy was deaf
When Death approached him.

Dearest Winter

Dearest winter
Please halt your thunder
I wish to see her clearly in the dark
Like the shadow of a dream
Sketched out by the divine hand of love's anticipation

Dearest winter
She speaks the light which maps the suns
She dresses herself with the night
She wears the black pearls I took from the gods.

A crowned goddess out of the pages of Márquez
She is the guitar and the knife
She is the scent which escapes the rose
She is proof of faith's beauty through poetry
A silver moon out of Lorca's world

Dearest winter
Please slow down your stride
Rain infinitely if you must
Desynchronize the day and night cycle as you wish
Because I want to live forever in this instant
Knowing I just met the love of my life
And that she knows my name

Herencias

"Para mi abuela, Lilliam Elizondo Larios
Gracias"

Jean-Pierre Rueda

Si naciste lejos del país donde resides
si creciste entre dos idiomas

Cuenta y recuerda tu historia
para que nadie controle tu pasado
ni decida tu futuro

Escribe las herencias del amor

Escribe las herencias del amor

Recuerda las herencias de la historia

Recuerda las herencias de la historia

Celebra las herencias de tu país

Celebra las herencias de tu país

Canta las herencias de tu familia

Canta las herencias de tu familia

Reconocimientos

Para mi esposa, Jennifer Rueda. Te agradezco toda la inspiración, motivación y paciencia durante el año que pasé escribiendo este libro. Gracias por creer en mis sueños y permitirme contarle al mundo lo mucho que te amo.

Para mi abuela, Lilliam Elizondo Larios. Gracias por heredarme ese amor por la familia, el trabajo, la política y esas lunas liberianas que encontramos en California.

Para mi mamá, Jessica Muñoz Elizondo. Gracias por ser la poesía desde que tengo memoria.
Para mis tíos Fernando y Johnny Muñoz. Gracias por ser ese amor generando electricidad en cada uno de mis días. Gracias por ser la perseverancia personificada.

Para Costa Rica, el país que existe en mis latidos y nace de la boca del recuerdo.
Para Long Beach, la ciudad que me descubrió poeta entre mañanas celestes y noches rosadas.

Para mi suegra, María Estrada. Le agradezco sus fuerzas para salir adelante y el amor incondicional que ilumina su cara cuando habla de la familia.

Para mi suegro, Adolfo Estrada. Gracias por el mapa de estrellas, las conversaciones de historia, las instrucciones para construir una vida y mostrarme la belleza de caminar esos caminos de frontera entre México y Estados Unidos. Se le recuerda y quiere mucho.

Un infinito agradecimiento a la casa de publicación Alegría Publishing por crear miles de oportunidades para toda una generación de escritores LatinX en Estados Unidos. Su aporte cultural y artístico es invaluable.

Gracias a Davina A. Ferreira, mi brújula durante este viaje poético. Tus lecciones siempre fueron enormes ejemplos de dedicación, libertad creativa y pasión por el arte de la literatura.

Gracias a Carlos Mendoza, diseñador editorial. Agradecido por tu visión, dirección y arte al crear la portada y el armazón de este libro.

Mil gracias a mi familia de poetas y artistas de Alegría Magazine. Los miércoles de poesía forjaron las rosas que brillan hoy en las páginas de este libro. Su inspiración y apoyo colorearon los pétalos de cada verso y estaré siempre en su deuda por la sinceridad de sus historias.

Para mis hijos, Jean-Luc y Logan Rueda. Para recordarles siempre la importancia de contar su historia, enfrentar los miedos y terminar lo que se empieza. Mis poemas nacen porque ustedes respiran.

Gracias a usted, amiga y amigo lector, que me sostiene hoy en este libro de poesía. Fue todo un placer coincidir entre rimas y aguaceros de historia.

Biografía

Jean-Pierre Rueda es un poeta y escritor nacido en San José, Costa Rica en 1985.

Creció escuchando las leyendas de su tío aventurero quien viajaba cada diciembre desde la tierra de Mickey Mouse y George Bush al verano navideño en Costa Rica; siempre bautizado por la risa de su familia, la bachata rosa de Juan Luis Guerra y los abrazos que tardaban meses en ser.

Desde niño, soñó con vivir en California y ser un reportero pintando discursos en el congreso estadounidense. Se imaginaba cumpliendo el sueño americano exactamente como su tío en la ciudad de Los Ángeles.

Pero pronto se dio cuenta, al dejar Costa Rica cuando tenía 15 años, que Estados Unidos era muy distinto al país que dibujó de niño. Su voz era brusca, enardecida y violenta.

La soledad de su nueva identidad de inmigrante, la desilusión del corazón al verle los ojos cerrados a la justicia en ese país soñado y la tristeza de las historias que se formaban a su alrededor; despertaron en Jean-Pierre Rueda un gran interés por la política, la poesía y el aporte invaluable de la comunidad Latinx en los Estados Unidos.

Jean-Pierre Rueda le escribe poesía a esos aventureros que se encuentran persiguiendo los sueños americanos de alguien más en Estados Unidos, versos para celebrar la valentía de vivir tan lejos de lo conocido y el brillo de ser parte del alma Latinoamericana. Jean-Pierre espera crear espacios de diálogo con sus poemas de amor, historia, política y herencia.

Jean-Pierre Rueda fue publicado en BOOK BY AUTHORS: NORTH LONG BEACH ANTHOLOGY en el 2009 y publicó su primer libro HER EYES WERE THE MOON AND I WAS THE WAVES en el 2020.

Actualmente, Jean-Pierre Rueda trabaja para un banco en las mañanas y escribiendo poesía para sus futuros proyectos literarios con Alegría Publishing.

Jean-Pierre Rueda vive en Compton, California con su esposa y sus dos niños.

Sígueme en:
instagram.com/poetatico

www.ingramcontent.com/pod-product-compliance
Lightning Source LLC
Chambersburg PA
CBHW072207100526
44589CB00015B/2405